MINISTÈRE DE LA GUERRE

RÈGLEMENT

SUR LE SERVICE

DES ADJUDANTS CHEFS

ET ADJUDANTS GARDIENS DE BATTERIE

DANS

LES ÉTABLISSEMENTS ET SERVICES

DE L'ARTILLERIE

APPROUVÉ PAR LE MINISTRE DE LA GUERRE
LE 27 AOÛT 1926

PARIS

IMPRIMERIE NATIONALE

1926

RÈGLEMENT

SUR LE SERVICE

DES ADJUDANTS CHEFS
ET ADJUDANTS GARDIENS DE BATTERIE

Règlement gardiens de batterie.

Le présent règlement annule et remplace le Règlement du 8 mai 1912 sur le service des gardiens de batterie dans les ouvrages de fortifications de terre et de côte.

TABLE DES MATIÈRES.

RÈGLEMENT

SUR LE SERVICE

DES ADJUDANTS CHEFS

ET ADJUDANTS GARDIENS DE BATTERIE

DANS LES ÉTABLISSEMENTS

ET SERVICES DE L'ARTILLERIE.

———

Note. — *Les dispositions de la présente instruction sont applicables sans distinction aux adjudants chefs ou adjudants gardiens de batterie. C'est pour cela que dans le corps de l'Instruction l'indication du grade n'a pas été reproduite.*

———

CHAPITRE PREMIER.

NATURE DU SERVICE DES GARDIENS DE BATTERIE. AGENTS QUI CONCOURENT À CE SERVICE.

———

ARTICLE PREMIER.

Le service ordinaire des gardiens de batterie dans les établissements et services de l'artillerie comprend le stockage du matériel, sa garde et son entretien d'après les instructions en vigueur.

Les gardiens de batterie sont nommés par le Ministre conformément aux dispositions du décret du 28 juin 1924 [1].

Sauf décision spéciale du Ministre, le Commandant de l'établissement [2] les répartit entre les différents services, suivant leurs aptitudes et leurs spécialités.

———

[1] *Bulletin officiel*, Édition méthodique, vol. 64.
[2] Dans les parcs annexes, la répartition des gardiens de batterie est prononcée par le commandant du parc régional d'artillerie sur proposition du commandant du parc annexe.

ARTICLE 2.

Outre leur service ordinaire, les gardiens de batterie peuvent être chargés de remplir les fonctions des agents du génie dans les ouvrages pour lesquels le Ministre aurait décidé que les deux services de l'artillerie et du génie n'auraient qu'un même représentant.

Conformément à la loi du 21 mai 1858, les gardiens de batterie sont chargés de constater les contraventions aux lois sur le domaine militaire de l'État et sur les servitudes militaires.

ARTICLE 3.

Les fonctions des gardiens de batterie peuvent être remplies par des sous-officiers fonctionnaires gardiens de batterie et, dans les ouvrages désignés par le Ministre, par les agents du génie (adjudants d'administration ou caserniers), lorsque les ressources du personnel de l'artillerie sont insuffisantes.

Dans ce cas, les agents du génie se conforment, pour l'exécution du service de l'artillerie, aux prescriptions du chapitre II du présent règlement.

ARTICLE 4.

Les Commandants des parcs d'artillerie informent les chefs du génie intéressés des nominations et mutations [1] des gardiens de batterie ou sous-officiers en faisant fonctions, lorsque ces employés militaires sont affectés à des ouvrages relevant de la chefferie.

Les chefs du génie informent de même les commandants des parcs d'artillerie intéressés des nominations et mutations des agents du génie chargés de ces ouvrages, et, en particulier, lorsque, accidentellement, les agents du génie sont chargés à la fois du double service de l'artillerie et du génie dans les forts.

CHAPITRE II.

SERVICE DE L'ARTILLERIE.

ARTICLE 5.

Les gardiens de batterie reçoivent, en prenant leur service, les instructions des commandants des parcs régionaux ou des parcs annexes d'artillerie. Leurs relations avec ces officiers sont entretenues, autant que possible, par des rapports réguliers et des états déterminés.

---

[1] Les mutations des gardiens de batterie (ou sous-officiers en faisant fonctions) entre les ouvrages d'un même parc d'artillerie sont prononcées par le Général commandant le corps d'armée.

En dehors des rapports ou états à fournir, ils doivent informer sans retard le commandant du parc de tous les faits qui pourraient intéresser l'entretien et la conservation des objets, du matériel et des immeubles confiés à leur garde ainsi que de toutes les visites ou inspections annoncées ou inopinées.

Ils adressent leurs rapports, états et comptes-rendus au commandant du parc par l'intermédiaire de l'officier comptable des matières de l'établissement qui, s'il y a lieu, les transmet, avec son avis, au chef de service intéressé.

ARTICLE 6.

Il est expressément défendu aux gardiens de batterie de tenir cantine ou de se livrer à tout autre commerce dans les bâtiments militaires ou autres.

Il leur est également interdit de cultiver ou prendre à ferme pour leur compte une partie quelconque du terrain militaire sans en avoir obtenu préalablement l'autorisation.

ARTICLE 7.

Les gardiens de batterie tiennent, pour le matériel dont ils ont la garde et sous la direction de l'officier comptable des matières, les écritures définies par l'instruction ministérielle du 19 décembre 1923 [1] sur les écritures concernant les mouvements intérieurs dans les places comptables et la tenue des magasins.

Ils tiennent en outre les écritures techniques prescrites par les instructions relatives à chaque matériel particulier.

ARTICLE 8.

Les gardiens de batterie sont responsables vis-à-vis de l'officier comptable des matières de tous les objets commis à leur garde et portés sur les inventaires.

ARTICLE 9.

Les gardiens de batterie sont dépositaires des clefs des magasins renfermant les objets d'artillerie confiés à leurs soins et dont ils sont responsables dans les conditions prévues à l'article 8.

ARTICLE 10.

Les gardiens de batterie affectés à un fort doivent avoir dans leur bureau :

1° a) Un tableau récapitulatif des magasins et locaux dépendant, à quelque titre que ce soit, du service de l'artillerie,

---

[1] *Bulletin officiel*, Édition méthodique, vol. 17.

avec leurs dénominations exactes, la désignation exacte de leur genre d'affectation (achetés ou construits par le service de l'artillerie, remis à titre définitif ou à titre de concession temporaire de jouissance, mis provisoirement à la disposition du service de l'artillerie, etc.) et l'indication sommaire de l'espèce de matériel qu'ils renferment;

b) Un état de tous les objets (armements, assortiments, etc.) afférents au service des bouches à feu de chacun des modèles entrant dans l'ouvrage.

Ce tableau et cet état sont visés par le commandant du parc d'artillerie et affichés d'une manière apparente ;

2° Au-dessous et rangées par magasin, dans l'ordre du tableau, toutes les clefs portant[1] chacune l'indication exacte du magasin et de la porte qu'elles doivent ouvrir, de telle sorte qu'en cas d'absence du gardien de batterie, son remplaçant puisse toujours trouver la clef d'un magasin. Ces clefs sont placées dans un clavier numéroté, sous une porte treillagée fermant à clef;

3° Des archives, dont la composition est indiquée à l'annexe n° 1 du présent règlement;

4° Les instruments d'optique et autres instruments délicats ;

5° Les appareils télégraphiques et téléphoniques qui ne font pas partie d'une installation fixée dans d'autres locaux ;

6° Un inventaire des objets mobiliers qui se trouvent dans ce bureau.

ARTICLE 11.

Les objets du matériel du service de l'artillerie existant dans les magasins doivent être disposés dans l'ordre nécessaire pour leur service et leur conservation ; ils sont classés et étiquetés par nature et espèce, ainsi que par état de service (réserve de guerre, service courant).

Aucune précaution ne doit être négligée pour la sûreté et le bon entretien des locaux et des objets qui y sont contenus.

ARTICLE 12.

Les gardiens de batterie ne font aucune consommation, ni aucun mouvement de matériel, sans un ordre écrit du commandant du parc régional, ou du parc annexe d'artillerie.

Tout officier adjoint a qualité, en cas d'urgence, pour ordonner des mouvements intérieurs dans le service qui lui est confié ; il rend compte immédiatement au commandant du parc ou du parc annexe.

L'officier comptable des matières et l'officier chef du service des munitions de l'établissement ont également qualité, en

---

[1] Sous réserve des prescriptions indiquées à l'article 31, de l'Instruction du 2 octobre 1908 (*Bulletin officiel*, Édition méthodique, vol. 12).

cas d'urgence, pour ordonner des mouvements intérieurs. Ils en rendent compte comme il est indiqué ci-dessus.

Lorsque les gardiens de batterie délivreront, sur l'ordre du commandant du parc ou du parc annexe, les objets nécessaires pour les travaux ou pour l'instruction des détachements envoyés dans les ouvrages pour les services de l'artillerie, et si ces détachements ne sont pas placés sous leurs ordres, ils se feront délivrer par les commandants de ces derniers un reçu indiquant le nombre et l'espèce des objets remis, ainsi que l'état dans lequel ils se trouvent. Dans le cas contraire, ils resteront responsables des objets délivrés.

ARTICLE 13.

Les matières nécessaires pour l'entretien et la manutention du matériel sont délivrées périodiquement aux gardes magasins sur la production de bons [1]. Ces matières ne figurent pas sur les registres inventaires de ces employés.

ARTICLE 14.

Conformément à l'article 5, les gardiens de batterie rendent compte, dans le plus bref délai, au commandant du parc d'artillerie, ou du parc annexe, des dégradations survenues au matériel, aux locaux et autres immeubles. En cas d'urgence, ils prennent les mesures nécessaires pour remédier aux accidents ou en éviter l'aggravation.

Ils portent surtout leur attention sur la conservation du matériel qui leur est confié et doivent toujours être approvisionnés des outils et ingrédients nécessaires pour le maintenir en bon état, conformément aux instructions relatives à l'entretien de l'ensemble du matériel et aux instructions spéciales relatives à chaque matériel particulier.

Ils font fonctionner tous les jours les installations téléphoniques dont ils disposent, pour s'assurer que les communications ne sont pas interrompues; ils observent, avec une parfaite exactitude, les consignes relatives à l'incendie (seaux remplis d'eau, étouffoirs, etc.) et font manœuvrer, dans les conditions indiquées par les consignes en vigueur, la pompe à incendie, à l'aide du personnel civil et militaire qui peut être mis à leur disposition à cet effet.

ARTICLE 15.

Les gardiens de batterie assurent la surveillance des magasins renfermant des poudres, munitions, artifices et explosifs, d'après les instructions qui leur sont données à ce sujet par le service des munitions organisé dans l'établissement d'artillerie dont dépendent ces magasins.

---

[1] Carnet à souche Mle 31 de l'Instruction du 30 décembre 1902.

ARTICLE 16.

Ils peuvent, sous la direction des officiers, être employés à la surveillance des travaux que le service de l'artillerie fait exécuter dans les ouvrages confiés à leur garde.

ARTICLE 17.

Les gardiens de batterie affectés à un ouvrage armé doivent prendre une connaissance exacte des localités avoisinantes ainsi que de tous les accidents de terrain.

Ils doivent savoir lire une carte, connaître les points remarquables du terrain environnant le fort, les routes et sentiers, les points défilés des vues où l'ennemi pourrait s'installer.

Ils doivent connaître également la position des postes d'observation et des batteries à occuper en cas de guerre.

ARTICLE 18.

Lorsqu'un gardien de batterie quitte son service, les existants sont constatés sur le registre-inventaire en présence de l'officier comptable des matières. En cas d'absence de ce dernier, la remise et la reprise d'inventaire sont constatées par un procès-verbal d'inventaire M^{le} n° 8, qui est conservé dans les archives de l'établissement.

Le nouveau gardien de batterie reçoit alors les clefs et devient responsable.

Toute différence constatée entre l'existant réel et les quantités portées sur l'inventaire sera mentionnée. Si les causes de ces différences sont imputables à l'agent sortant de fonctions, le commandant du parc d'artillerie proposera au Ministre telles mesures qu'il jugera convenables.

ARTICLE 19.

En cas de décès ou de disparition d'un gardien de batterie, le commandant du parc régional ou du parc annexé d'artillerie fait arrêter les registres et procéder immédiatement à la vérification de l'inventaire.

Après cette opération, il confie provisoirement la surveillance du matériel à un autre gardien de batterie.

ARTICLE 20.

Il ne sera tiré des ouvrages aucun coup de canon ni de mortier, soit pour flamber les pièces, soit pour les épreuves et les saluts, soit pour toute autre cause, sans un ordre écrit du commandant d'armes ou du commandant de l'établisssement, qui sera représenté avec l'état des consommations.

CHAPITRE III.
DISCIPLINE ET COMMANDEMENT.

ARTICLE 21.

Les gardiens de batterie ont rang d'adjudant ou d'adjudant-chef. Ils sont soumis aux lois et règlements qui régissent l'armée active et aux dispositions du décret du 28 juin 1924 pour l'application de la loi du 26 mars 1919 portant réorganisation du corps des gardiens de batterie (B. O., É. M. vol. 64).

Les autorisations de mariage leur sont accordées par le commandant du parc régional d'artillerie ou le directeur de l'établissement.

ARTICLE 22.

Lorsqu'un détachement est envoyé dans un ouvrage où il n'existe pas d'autorité supérieure au gardien de batterie [1], ce détachement, s'il n'est pas commandé par un officier ou par un adjudant, est, pour ce qui est police et discipline, sous les ordres du gardien de batterie.

Le détachement reste sous les ordres de son chef pour tout ce qui est administration intérieure.

Bien qu'ils ne soient pas commandants d'armes, les gardiens de batterie ont à rendre compte au commandant de la place de tous les incidents qui ne concernent pas le service de l'artillerie (et éventuellement du génie s'ils font fonctions d'agents du génie). Ce compte-rendu passe par la voie hiérarchique, c'est-à-dire par le commandant de l'établissement.

CHAPITRE IV.
INSTRUCTION DES GARDIENS DE BATTERIE.

ARTICLE 23.

Les candidats à l'emploi de gardien de batterie accomplissent dans les parcs d'artillerie, aux époques fixées par le Général commandant l'artillerie, un stage d'instruction de dix semaines, à l'issue duquel ils peuvent obtenir le certificat prévu par le décret du 28 juin 1924 pour l'application de la loi du 26 mars 1919 portant réorganisation du corps des gardiens de batterie. Le programme de ce stage est donné à l'annexe n° 2 de la présente instruction.

---

[1] Ou à l'adjudant d'administration du Génie.

En outre, un cours pratique est organisé toutes les fois qu'il est utile, dans chaque établissement, en vue de compléter l'instruction des gardiens de batterie nouvellement promus qui se trouveraient placés à la tête d'un service spécial.

ARTICLE 24.

Les gardiens de batterie à la garde desquels sont confiés des canons sous tourelle, sous casemate ou sur affût-truc, reçoivent une instruction détaillée sur ces engins et leur entretien[1]. Cette instruction est donnée, sous la direction de l'officier chargé du service des tourelles, par le chef de l'équipe de réparation.

Les gardiens de batterie à instruire sont réunis, soit dans le corps de la place, soit dans un ouvrage, soit successivement dans plusieurs ouvrages de la place. Chacun d'eux n'assiste qu'aux séances concernant les engins qu'il peut avoir à entretenir. Ceux qui ont déjà suivi les instructions ne sont pas désignés pour les suivre une autre fois, à moins qu'il ne soit nécessaire de compléter leurs connaissances par suite de changements d'affectation, de constructions nouvelles et de modifications apportées au matériel.

CHAPITRE V.

SERVICE DES GARDIENS DE BATTERIE FAISANT FONCTIONS D'AGENTS DU GÉNIE.

ARTICLE 25.

Lorsque les gardiens-de batterie seront désignés pour remplir les fonctions des agents du génie dans les ouvrages de fortification d'importance secondaire, ils seront chargés :

1° De la garde et de la conservation des bâtiments militaires et des objets d'ameublement qu'ils contiennent;

2° De la garde des fortifications et du matériel de défense du génie.

ARTICLE 26.

Pour toute cette partie de leur service, les gardiens de batterie reçoivent du chef du génie les instructions nécessaires en prenant leurs fonctions.

---

[1] Instruction du 22 septembre 1911 concernant les mesures à prendre dans les places pour l'entretien et la réparation des tourelles, casemates et affûts-trucs.

ARTICLE 27.

Le chef du génie fait dresser, en double expédition, pour chaque ouvrage confié à la surveillance d'un gardien de batterie, des listes de recensement (Mᴵᵉ n° 46 de l'Instruction du 30 décembre 1902) des objets concernant le matériel du génie, afin d'en constater le nombre, l'espèce et la situation.

Une expédition de ces listes demeure entre les mains du gardien de batterie et l'autre est remise à l'officier comptable des matières de la place du génie dont dépend l'ouvrage.

Les prescriptions formulées pour le service de l'artillerie, dans les articles 8, 17 et 18 du présent règlement doivent être appliquées, en ce qui concerne le service du génie, par les gardiens de batterie faisant fonctions d'agents du génie.

ARTICLE 28.

Un inventaire particulier, relatif à chaque local et aux objets mobiliers ou autres qu'il renferme, est affiché sur une planchette à l'entrée de ce local; il ne peut être apporté aucun changement dans la situation ou la répartition de ces objets sans un ordre du chef du génie.

ARTICLE 29.

Lorsque les détachements viendront occuper un ouvrage, le gardien de batterie faisant fonctions d'agent du génie établira, de concert avec le chef du détachement, un état des lieux et de tous les objets qui en dépendent. Il signera cet état avec le chef du détachement.

Au départ de la troupe, il sera dressé, dans les mêmes conditions, conformément aux lois et règlements concernant la conservation des établissements militaires, un nouveau procès-verbal pour constater les dégradations et, servir au payement des dépenses ou réparations.

Les procès-verbaux seront adressés au chef du génie et au Commandant du parc ou du parc annexe d'artillerie chargés de poursuivre, chacun en ce qui le concerne, le payement de tous les dégâts.

En cas de difficultés, il sera rendu compte au Ministre par la voie hiérarchique.

ARTICLE 30.

Les gardiens de batterie faisant fonctions d'agents du génie peuvent être chargés de surveiller, sous la direction des officiers du Service du génie, les travaux d'entretien ou autres que le Service du génie fait exécuter dans les ouvrages confiés à leur garde.

Ils en inscrivent, jour par jour, les attachements sur les carnets paraphés qui leur sont remis pour cet objet.

CHAPITRE VI.

SURVEILLANCE DU DOMAINE MILITAIRE DE L'ÉTAT ET DES ZONES DE SERVITUDES MILITAIRES.

ARTICLE 31.

Les dispositions de la loi du 21 mai 1858, relative à l'assermentation des gardiens de batterie, sont appliquées conformément aux prescriptions des lois du 10 juillet 1851 et du 22 juin 1854 et du décret du 10 août 1853 sur les servitudes militaires.

Les gardiens de batterie sont dûment assermentés et leurs procès-verbaux font foi jusqu'à inscription de faux [1].

Les frais de prestation de serment sont imputés dans les conditions prévues par la circulaire n° 1922/1/10 du 9 mars 1925 (*Bulletin officiel*, édition méthodique, vol. 85, p. 135).

APPROUVÉ :

Paris, le 27 août 1926.

Pʳ le Ministre de la Guerre et p. o. :

Le Général directeur de l'artillerie,

Signé : RÉMOND.

---

[1] Pour les attributions des gardiens de batterie, en ce qui concerne la recherche et la constatation des délits et des contraventions, et pour la prestation de serment de ces employés, voir le *Bulletin officiel*, édition méthodique, volume 20.

ANNEXE N° 1.

COMPOSITION DES ARCHIVES
DES GARDIENS DE BATTERIE
DANS LES OUVRAGES DE FORTIFICATION.

Notes relatives aux archives des gardiens de batterie.

* Ce signe indique les documents à mettre sous clef.

a) Cette lettre indique les documents fournis aux parcs par l'Administration centrale.

b) Cette lettre indique les documents à fournir ou à établir par les parcs ou le Service du génie.

ac) Les documents désignés sous les lettres *ac*) doivent être demandés en spécifiant les calibres et les modèles auxquels doivent se rapporter ces documents ou les annexes qui les accompagnent.

---

a) **Documents relatifs aux ouvrages.**

a) Cartes au 1/80000° et au 1/50000° des environs.

**b*) Plan d'ensemble du fort et des locaux.

**b*) Schéma des communications télégraphiques, téléphoniques et acoustiques.

**b*) Carnet de mobilisation.

**b*) Pièces et documents relatifs à la mobilisation.

**b*) Planchettes de tir et cartons d'observation relatifs aux engins contenus dans l'ouvrage.

b) **Lois, décrets, instructions d'ordre général.**

a) Règlement du 27 août 1926 sur le service des adjudants chefs et adjudants gardiens de batterie dans les établissements et services de l'artillerie.

a) Règlement du 7 octobre 1909 sur le Service de place.

a) Décret du 30 mai 1924 sur la discipline générale.

a) Loi du 10 juillet 1851 et décret du 10 août 1853 sur les servitudes militaires.

a) Loi du 22 juin 1854 sur les servitudes autour des magasins à poudre.

c) **Comptabilité, registres, inventaires.**

a) Instruction du 19 novembre 1923 sur les écritures concernant les mouvements intérieurs dans les places comptables et la tenue des magasins (*B. O. E. M.*, vol. 17).

b) Un double du registre M^le n° 3 de l'instruction ministérielle du 2 octobre 1908, donnant le détail des munitions renfermées dans les magasins.

b) Registre-inventaire M^le n° 4 (Instruction du 19 décembre 1923).

b) Registre-journal M^le n° 5 des bulletins de mouvement de matériel (Instruction précitée).

b) Cahier d'inscription des travaux exécutés sous la surveillance du gardien de batterie, conformément à l'article 16 du présent règlement.

b) Registre d'ordres et de consignes.

b) État des consignes générales et des consignes locales qui doivent être affichées en temps de guerre dans les divers locaux (cet état doit indiquer où sont déposées les consignes en temps de paix).

Catalogue des documents composant les archives.

d) **Matériel d'artillerie.**

ac) Collection de tables pratiques de tir pour les bouches à feu qui se trouvent dans l'ouvrage.

ac) Règlements concernant le service des différentes bouches à feu commises à la garde du gardien de batterie.

ac) Instruction sur l'entretien dans les hangars des matériels confiés à la garde du gardien de batterie.

a) Règlement du 31 juillet 1908 sur les manœuvres de force.

a) Instruction du 22 septembre 1911 sur les mesures à prendre dans les places pour l'entretien et la réparation des tourelles, casemates et affûts-trucs.

e) **Service des munitions.**

a) Instruction du 2 octobre 1908 concernant la conservation des poudres, munitions, artifices et explosifs [1].

a) Instruction provisoire du 7 février 1920 sur l'organisation des stockages de munitions.

a) Instruction du 21 février 1884 sur l'emploi du vase argenté.

---

[1] *Bulletin officiel*, édition méthodique, volume 12.

a) Instruction du 3o juin 1897 sur l'engerbement des divers récipients renfermant des poudres, munitions, artifices, et explosifs.

a) Instruction du 27 janvier 1898 sur l'encaissage des poudres.

ac) Instruction du 12 mars 1898 sur l'encaissage des gargousses.

a) Manuel à l'usage des sous-officiers chargés des manipulations des munitions et artifices dans l'artillerie à pied.

a) Instruction du 28 mars 1924 sur l'organisation des locaux affectés à la confection, à la manipulation et à la conservation des munitions et artifices.

a) Note du 11 novembre 1908 sur les marques apposées sur les cartouches de 75 et leurs éléments.

a) Note du 22 décembre 1920 sur les marques apposées sur les munitions d'artillerie pour tous les calibres autres que le 75.

ANNEXE N° 2.

PROGRAMME DU STAGE D'INSTRUCTION
À ORGANISER DANS LES PARCS D'ARTILLERIE
POUR
LES CANDIDATS A L'EMPLOI DE GARDIEN DE BATTERIE.

NOTE. — *L'instruction est donnée dans la limite des moyens en matériel dont dispose l'établissement.*

I. — COMPTABILITÉ (3 semaines).

1re semaine.

Généralités sur les fonctions des gardiens de batterie.
Fonctions des garde-magasins.
Réserve de guerre et service courant.
Nomenclature N, unités collectives.
Instruction du 19 décembre 1923 (*B. O. E. M.*, vol. 17).
Instruction du 25 mars 1922 (*B. O. E. M.*, vol. 18¹).
Instruction du 30 décembre 1902 (art. 74). Bons M^{le} 31 et bulletins M^{le} 33.
Exercices pratiques sur les leçons précédentes.

2e semaine.

Réparation du matériel. — Bulletins M^{le} 35 et registres M^{le} 36. — Inventaire d'atelier M^{le} 39.
Réforme du matériel.
Recensements du matériel. — Régularisation des étiquettes et inventaires.
Constitution et dislocation des unités collectives. — Gérance d'annexe.
Exercices pratiques sur les leçons précédentes.

3e semaine.

Magasins. — Leur organisation. — Mesures de protection contre l'incendie.
Réceptions de matériel.
Expéditions de matériel.
Distributions aux ateliers.
Conservation des matières et ingrédients.

II. — **MUNITIONS** (2 semaines).

4ᵉ semaine.

Généralités sur les poudres et explosifs.
Caisses à poudres et à munitions. — Leurs différents modèles, leur transport, leur engerbement, etc.
Généralités sur les douilles et gargousses. — Marquage, lotissement, etc.
Généralités sur les différents obus. — Chargement, marquage, peinture, stockage. — Obus dangereux (évent débouché, gaine mobile, obus tirés, etc.).

5° semaine.

Cartouches de 75. — Marquage, lotissement, encaissage. — Fusées.
Munitions pour armes portatives ..
Grenades ....
Artifices de signalisation......... } (Généralités.)
Artifices de mise de feu.
Destruction des munitions (notions).
Instruction du 2 octobre 1908 et du 6 février 1920 (articles concernant les gardiens de batterie).
Tenue des magasins et comptabilité technique.

III. — **MATÉRIEL D'ARTILLERIE** (2 semaines).

ENTRETIEN DES MATÉRIELS REMISÉS.
ARMEMENTS ET ACCESSOIRES.

6ᵉ semaine.

Matériel de 75.
Matériels de 155 Mˡᵉ 1916, de 155 G. P. F.
Matériel de 155 C Mˡᵉ 1917.
Matériels Schneider en général. — Chargement et vérification des freins et récupérateurs.

7ᵉ semaine.

Matériels de tranchée.
Matériels anciens (90, 155 L Mˡᵉ 1877, etc.).
Cingolis.
Canon de 37.
Reconnaissance des voitures-caissons des différents modèles, forges, chariots de batterie, etc. — Roues de l'artillerie. — Voitures des équipages à 2 et 4 roues.
Matériel mobile faisant partie intégrante de ces voitures. — Leur marquage, leur stockage, leur entretien. — Roues des équipages. — Épreuves de roulement.

IV. — MATÉRIEL AUTOMOBILE (1 semaine).

8ᵉ semaine.

Parties principales d'un véhicule automobile.
Reconnaissance des divers types de voitures.
Notions sommaires sur les moteurs. — Leur entretien dans les hangars.
Stockage des véhicules. — Entretien et stockage des éléments conservés à part (magnétos, etc.).
Stockage et entretien des pneumatiques.
Constitution et entretien des lots de bord.
Stockage des carburants.
Épreuves de roulement.

V. — MATÉRIEL DE DÉFENSE CONTRE AÉRONEFS. PROJECTEURS (3 jours).

9ᵉ semaine.

Description sommaire.
Stockage et entretien dans les hangars.
Armements et accessoires.
Appareils de préparation et de conduite du tir.
Appareils d'écoute.

VI. — MATÉRIEL DE PROTECTION CONTRE LES GAZ DE COMBAT (3 jours).

Description, stockage et entretien des divers appareils individuels et collectifs.
Comptabilité. — États Mˡᵉ II et Mˡᵉ III.

VII. — COMPLÉMENT [1]. — RÉVISION (1 semaine).

10ᵉ semaine.

Prestation de serment. — Procès-verbaux.
Téléphones. — Carnets de message. — Comptes-rendus.
Lecture des cartes.
Entretien des effets de cuir et des cordages.
Révision générale.

---

[1] Comprendre dans les compléments les instructions concernant les matières ne figurant pas au programme et nécessaires pour le service spécial du parc.
Dans les places fortes en particulier : visite d'un fort, tenue de ses magasins ; — entretien d'un ouvrage, tourelles, casemates, canons de flanquement, mitrailleuses.

ANNEXE N° 3.

Rappel des articles 8 à 14 du règlement du 20 décembre 1861 sur le service des caserniers.

Les dispositions de ce règlement qui seraient contraires au décret du 5 juillet 1922 (Bulletin officiel, p. 2098) doivent être considérées comme abrogées.

ARTICLE 8.

Les caserniers sont sous les ordres immédiats des chefs du génie. Ils rendent compte, néanmoins, aux sous-intendants militaires de tout ce qui survient dans la distribution des logements, ainsi que de tout ce qui est relatif à la conservation des objets de casernement placés dans les attributions du Service de l'Intendance et déposés dans les casernes.

ARTICLE 9.

Les caserniers sont dépositaires des clefs des chambres et des parties de bâtiments non occupées; ils sont responsables de la conservation du mobilier déposé dans ces locaux.

Les clefs sont placées en ordre chez les caserniers, dans un clavier numéroté, sous une porte treillagée fermant à clef.

Il est expressément défendu aux caserniers de délivrer des clefs sans ordre écrit du Chef du génie ou du Sous-Intendant militaire.

ARTICLE 10.

Il est interdit aux caserniers de donner entrée, dans les établissements dont ils ont la garde, aux personnes étrangères au service militaire; ils exécutent, à ce sujet, les consignes que leur donnent soit les commandants d'armes, comme chargés de la police militaire des casernes occupées par la troupe, soit les chefs du génie, soit les sous-intendants militaires, chacun en ce qui le concerne.

ARTICLE 11.

Les caserniers, aidés au besoin par des manœuvres, doivent entretenir la propreté, tant à l'intérieur des établissements ou des bâtiments non occupés qu'à leurs abords. Les ustensiles nécessaires à ces soins leurs sont fournis sur les fonds du Service du génie.

Les caserniers sont tenus, en outre, d'ouvrir et de fermer les fenètres pour le renouvellement de l'air dans les locaux dont ils ont les clefs.

ARTICLE 12.

Les caserniers visitent, au moins une fois par jour, tous les locaux occupés, et une fois par semaine, tous les locaux ou bâtiments inoccupés. Ils rendent compte, sur le champ, des dégradations qu'ils découvrent au Chef du génie ou au Sous-Intendant militaire, selon que ces dégradations concernent des objets placés dans les attributions de l'un ou de l'autre. En outre, lorsqu'il s'agit de locaux occupés par les troupes, ils en préviennent les officiers chargés du casernement

ARTICLE 13.

En cas de vols, de dégradations ou d'autres délits commis par des particuliers, les caserniers en font immédiatement un rapport au Chef du génie. Ils en informent également le Sous-Intendant militaire, en ce qui concerne le mobilier dépendant du service administratif.

ARTICLE 14.

Dans les places où ne résident pas d'officiers du Service du génie, les caserniers adressent chaque semaine, et plus souvent si cela est jugé nécessaire, un rapport au Chef du génie, faisant connaître les faits relatifs à la surveillance dont ils sont chargés, survenus depuis l'envoi du dernier rapport. A la fin de chaque mois, ils fournissent un rapport semblable au Sous-Intendant militaire, si ce fonctionnaire ne réside pas dans la place, mais seulement en ce qui concerne le Service de l'Intendance.